आपकी सम्पूर्ण भविष्यवाणी 2018

कन्या

आपकी सम्पूर्ण भविष्यवाणी

2018
कन्या

बेजन दारुवाला

और

नस्तूर दारुवाला

Ranvir Books

HARPER element

श्री गणेशाय नम:

हार्पर एलिमेंट द्वारा भारत में पहली बार 2017 में प्रकाशित
हार्परकॉलिंस पब्लिशर्स का मुद्रण

P-ISBN : 9789352773992
E-ISBN : 9789352774005

हार्पर कॉलिंस *पब्लिशर्स*
ए-75, सेक्टर-57, नौएडा — 201301, उत्तर प्रदेश, भारत
1 लंदन ब्रिज स्ट्रीट, लंदन, एसई1 9 जीएफ, यूनाइटेड किंगडम
2 ब्लूर स्ट्रीट ईस्ट, टोरंटो, ऑन्टैरियो एम4डब्ल्यू 1ए8, कनाडा
एलवीएल 13, 201 एलिजाबेथ स्ट्रीट (पीओ बाक्स ए565ए एनएसडब्ल्यू 1235)
सिडनी, एनएसडब्ल्यू 2000, ऑस्ट्रेलिया
195 ब्रॉडवे, न्यू यॉर्क एनवाई 10007, यूएसए

टाइपसेटिंग : निओ साफ़्टवेयर कन्सलटैंट्स, इलाहाबाद-2

मुद्रक : माइक्रो प्रिंट इण्डिया, नई दिल्ली

विषय-सूची

बेजन और नस्तूर का विशेष सन्देश ... 3

प्रमुख ग्रह ... 4

बृहस्पति ... 4

शनि ... 5

वरुण ... 7

प्लूटो ... 7

अरुण ... 7

मासिक घटनाचक्र ... 8

साप्ताहिक समीक्षा (चाँद की कलाओं पर) ... 10

उपलब्धियाँ 2018 ... 27

शारीरिक हाव-भाव	...	29
जीवन के रंग	...	31
महत्वपूर्ण तिथियाँ	...	33
जीवन का रहस्य	...	47
नम्बर 17 की सफलता का रहस्य	...	48
विश्व जन्मकुण्डली (होरोस्कोप) 2018	...	51
सलामी और श्रद्धांजलि	...	54
लेखक परिचय	...	57
महत्वपूर्ण उद्घोषणा	...	58

कन्या

23 अगस्त-22 सितम्बर

कन्या आरक्षित, विनयपूर्ण, व्यावहारिक, विवेकपूर्ण और मेहनती, विश्लेषणात्मक और परिश्रमशील होते हैं और जानने व समझने की कोशिश करते हैं। आपकी रचनात्मकता पूरे विश्व भर में फ़ैल जायेगी। जीवन का जश्न मनाने का, बाधाओं के बावजूद साहसी और देखभाल का सबसे अच्छा निष्कर्ष 'उल्लास' शब्द में है। गणेश जी कहते हैं कि घर, भवन, काम, स्थिति, प्रतिष्ठा, माता-पिता, ससुराल, यात्रा, आपको 2018 में खुश और उल्लास युक्त रखेंगे।

- **तत्व :** पृथ्वी
- **निर्णायक ग्रह :** बुध
- **रंग :** धूसर-भूरा (अर्थ टोन), गेरु, नारंगी, पीला
- **रत्न :** सुलेमानी पत्थर (येगेट), हाईसिंथ
- **धातु :** पारा
- **सुगन्ध :** लैवेंडर, बकाइन, लिली,

- **गुण :** परिवर्तन योग्य (= लचीलापन)
- **सन्तुलन के लिए ज़्यादा ज़रूरी गुण :** एक व्यापक परिप्रेक्ष्य
- **सर्वाधिक गुण :** मानसिक चपलता, विश्लेषणात्मक कौशल, विस्तार पर ध्यान देने की क्षमता, चिकित्सा शक्तियाँ
- **सबसे ज़्यादा ज़रूरतें :** उपयोगी और उत्पादक होना
- **किन चीजों से बचें :** विनाशकारी आलोचना
- **दिन :** बुधवार
- **अंक :** पाँच
- **फूल :** पीत पुष्प (बटरकप), पेंसि, फोर्गेव मी नॉट, मोर्निंग ग्लोरी, एस्टर, छुईमुई
- **पेड़ :** अखरोट, हौर्स चेस्टनट और अखरोट की प्रजाति वाले सभी पेड़
- **भोजन :** आलू, गाजर, शलजम, धरती के नीचे उगाई जाने वाली सभी सब्जियाँ; तथा सभी किस्मों के बादाम भी।

बेजन और नस्तूर का विशेष सन्देश

'प्राचीन काल में कन्या, तुला और वृश्चिक एक ही राशि थे। मेरा विशेष अवलोकन है कि ये सभी तीन राशियाँ भोजन, स्वास्थ्य के बारे में बहुत ही उत्साही और तुनकमिजाज या फोबिया से ग्रसित हो सकती हैं। मैं दोहराता हूँ कि उन्हें फोबिया हो सकता है। मैं यह नहीं कहता कि सभी को निश्चित रूप से फोबिया है। एक कन्या राशि की महिला आमतौर पर स्वास्थ्य और स्वच्छता के मुद्दों के बारे में जानती है, खासकर जब यह अत्याधुनिक शोध से सम्बन्धित हो।'

प्रमुख ग्रह

बृहस्पति

बृहस्पति 10 अक्टूबर 2017 से 8 नवम्बर 2018 तक आपके तीसरे कोण में होगा। बृहस्पति सौभाग्य की सफलता और विस्तार का ग्रह है। इसके अतिरिक्त बृहस्पति की खासियत साहस और वीरता, शारीरिक तन्दुरुस्ती, प्रतिभा, शिक्षा, अच्छे गुणों, माता-पिता की सहनशीलता, क्षमता, गुणवत्ता और भोजन की प्रकृति, स्वार्थ, खेल, झगड़े, शरण, व्यापार, सपने, दु:ख, मन की स्थिरता, पड़ोस, निकट सम्बन्धों, मित्रों, सेना, विरासत, गहने, चतुराई, लघु यात्राओं में है। वाह! क्या शानदार सूची है!

अतिरिक्त जोर दिया गया है :

(क) यह उन मामलों में क्रैश कोर्स करने का सही समय है, जिनमें आप रुचि लेते हैं, स्वयं अभिव्यक्ति विकसित करते हैं, और राय विकसित करते हैं;

(ख) शतरंज या ब्रिज खेलें, प्रश्नोत्तरी कार्यक्रम, सुडोकू प्रतियोगिताओं, संक्षेप में सभी मानसिक खेलों में प्रवेश करें;

(ग) रिश्तेदारों और पड़ोसियों के साथ मिलना सीखें;

(घ) मानसिक तनाव न हो इसकी कोशिश करें, क्योंकि यह वह जगह है जहाँ आप कमजोर हैं और इसलिए दयनीय होते हैं; दूसरों को सुनने के लिए तैयार रहो, हालाँकि मुझे पता है कि आप सक्षम और भेदभावपूर्ण दोनों हैं;

(ङ) अपने मन को समृद्ध करें और अपने ज्ञान को बढ़ाएँ।

मैंने इससे पहले के लेखन में इसका उल्लेख किया है। हमारे ग्रह पर गम्भीर नतीजे होने के कारण, प्रमुख जलवायु परिवर्तन हो रहे हैं। तीसरे कोण में बृहस्पति, अनुसन्धान, बुद्धि और लोगों को यह एहसास करने में प्रेरित करने में मदद करने को दर्शाता है कि हम मनुष्य के परिवार हैं। गणेश जी का कहना है कि आपके तीसरे कोण में बृहस्पति स्मृति और बात करने की प्रक्रिया को बढ़ाने में मदद कर सकते हैं। अधिक सटीक मौसम/जलवायु और भूवैज्ञानिक भविष्यवाणियों को भी शायद बनाया जा सकता है। शायद कृत्रिम बुद्धि तीसरे कोण में बृहस्पति का अन्तिम उपहार हो सकता है। ये सब आपकी राशि की उपज या हस्तनिर्मित हो सकते हैं।

शनि

तर्कसंगतता और रोमांस एक-दूसरे के दुश्मन की तरह पैदा होते हैं। ऐसा क्यूँ है? प्यार अंधा होता है। दिल के अपने कारण होते हैं जिन्हें दिमाग कभी नहीं समझता है। लेकिन शायद आपके मामले में रोमांस और वित्त का अद्वितीय मिश्रण हो सकते हैं। मैं इसे विमुद्रीकरण होने के दिन अर्थात्, 9 दिसम्बर 2016 को लिख रहा हूँ।

पश्चिमी ज्योतिष के अनुसार, शनि 21 दिसम्बर 2017 से 22 मार्च 2020 तक आपके पाँचवे कोण में होगा। इसका वास्तविक परिणाम होगा:

1. जबरदस्त रचनात्मकता;
2. जीवन में बहुत व्यापक विकल्प। पहले जबरदस्त रचनात्मकता को लें। इसमें, निम्नलिखित विशेषताओं को शामिल किया जायेगा : (क) सुखद व्यवसाय और शौक; (ख) बच्चों और अन्य प्रियजन; (ग) कार्यकारी क्षमता; (घ) रोमांस; (च) स्नेह के बन्धन को मजबूत बनाना; (छ) सामाजिक गतिविधियों पर प्रकाश डालना; (ज) भविष्य में विश्वास रखते हुए चीजों को नये नजरिये से देखना।

गणेश जी कहते हैं, पाँचवें कोण में शनि भी उपरोक्त मामलों में दर्द, जुदाई और झटके देता है। घर परेशान और बाधित हो सकता है। संक्षेप में, शनि आपको मिश्रित परिणाम देगा। एक ही साँस में हंसी और रोने के लिए तैयार रहें।

आप कन्या राशि वाले और मिथुन राशि वाले सम्पर्क और संचार में अपने ही तरह से विशेषज्ञ हैं। बुध आपका स्वामी ग्रह है। बुध हर तरह से आपकी मदद करता है। 1 जनवरी से 17 जनवरी, 11 फरवरी से 6 मार्च : यात्रा और धर्म; 31 मार्च से 24 अप्रैल तक : लम्बी दूरी के सम्पर्क और समारोह; 20 मई से 13 जून तक : घर और काम का संयोजन; 10 जुलाई से 6 अगस्त तक : विश्वास, साहस, यात्रा, अनुसन्धान; 9 नवम्बर से 31 अक्टूबर तक: विराट कोहली जैसा चौतरफा व्यक्तित्व। और एक बार फिर 3 दिसम्बर से 31 दिसम्बर : घर, भवन, सम्पत्ति। मैं इसे

आपके लिए बहुत स्पष्ट करता हूँ कि यह केवल एक सामान्य आंकलन है और इसलिए यह आपके लिए पूरी तरह से और बहुत सटीक ढंग से लागू नहीं होगा। अगर ऐसा होता है, तो इसे गणेश जी के अनुग्रह के रूप में मानें।

वरुण

वरुण आपके दिल को गिटार की तरह बना देगा और आप स्वर्ग के एक पक्षी की तरह गा सकेंगे। कुछ समय बाद, आपके गले में कुछ काँटे भी हो सकते हैं। क्यूँ कर? वरुण वास्तविकता और भ्रम दोनों का ग्रह है। लेकिन सम्पूर्णता में असाधारण साझेदारी, दोस्त, रोमांस, यात्राओं के सन्दर्भ में वरुण आपकी मदद करेगा। आपको सलाह दी जाती है कि आप अपने भले के लिए शराब और ड्रग्स से दूर रहें।

प्लूटो

प्लूटो दुनिया की सबसे बड़ी बॉक्सर दिवंगत मोहम्मद अली का पंच है। प्लूटो आपको ग्लैमरस, सेक्सी, चित्ताकर्षक और आकर्षक बनाता है इसे बुद्धिमानी से और अच्छी तरह से उपयोग करें।

अरुण

अरुण आपके स्वास्थ्य के क्षेत्र में आगे बढ़कर आपको मिश्रित परिणाम देगा। लेकिन अगर आपको एक गम्भीर स्वास्थ्य समस्या है तो इसे 2019 के आखिर तक ख़त्म हो जाना चाहिए। रेकी, डोज़िंग, योग, सकारात्मक सोच, रंगों का उपयोग, जल उपचार, कीच स्नान, सौना स्नान (स्टीम बाथ)—ये सब आपको पूर्णता और कल्याण के मामले में मदद करेंगे।

मासिक घटनाचक्र

जनवरी : गणेश जी कहते हैं, और आप वास्तव में एक ऊँची उड़ान की शुरुआत के लिए दूर हो जायेंगे, और जैसा कि आप जानते हैं कि अगर अच्छी तरह से शुरुआत हो गयी है तो मानो आधा काम हो गया;

फरवरी और मार्च : खर्च लेकिन प्रगति भी, इसलिए मिश्रित परिणाम;

अप्रैल : वित्त और परिवार के मामलों और आय अर्जित करने के लिए उत्कृष्ट;

मई : परिवहन और संचार के सभी माध्यमों द्वारा लोगों और स्थानों तक पहुँचना;

जून : शान्ति के लिए महत्वपूर्ण, खरीद/बिक्री/मरम्मत/ सजावट, घर जैसी एक जगह;

जुलाई : प्यार, रोमांस, नियति का परिणाम, रचनात्मकता और बच्चों, परिवार और मज़ा और भाग्य;

अगस्त : स्वास्थ्य, रोजगार, पालतू जानवर, नौकर और सहयोगी और इनसे जुड़ी कुछ समस्याएँ;

सितम्बर : प्यार और नफरत, विवाह और प्रसन्नता, लेकिन विडम्बना कुछ मामलों में, अलगाव और कानूनी मामलों

में, और यही कारण है कि जीवन इतना जटिल, अनिश्चित, विरोधाभासों और आश्चर्यों से भरा है;

अक्टूबर : फंड, ऋण, पूँजी निर्माण, पैसे के मामले, खरीदारी;

नवम्बर : प्रेरणा, यात्रा, नाम और प्रसिद्धि, शुभकामनाएँ;

दिसम्बर : शक्ति, प्रतिष्ठा, माता-पिता, व्यवसाय, पुरस्कार और प्रतिष्ठा, पैसा, घर, भवन और कार्यालय।

खुशहाली : 87 प्रतिशत

साप्ताहिक समीक्षा
(चाँद की कलाओं पर)

2 जनवरी : कर्क राशि में पूर्ण चन्द्रमा

पैसे, मनोरंजक और सामाजिक जीवन के मामले में आप ऊपर की तरफ बहुत निश्चित रूप से गतिशील हैं। शक्ति, प्रतिष्ठा और स्थिति में भी लाभ होगा। इसके अलावा, पारिवारिक गतिविधियों और पति-पत्नी, दोस्तों और बच्चों के साथ अच्छे सम्बन्ध का समय है। शारीरिक सुख में अधिक मात्रा में वृद्धि होने की प्रवृत्ति हो सकती है।

8 जनवरी : तुला राशि की अन्तिम तिमाही

वित्त का सावधानी पूर्वक सञ्चालन और कुछ चतुर कदम पिछले हफ्ते की ऊपर बढ़ने की प्रवृत्ति को बनाए रखेंगे। यही बढ़ोतरी धन के मामलों और अन्य क्षेत्रों में भी होगी। आपने वर्ष की एक अच्छी शुरुआत की है, और यह निश्चित रूप से कुछ बाधाओं को छोड़कर, वर्ष भर के लिए प्रबल हो सकती है। यह सभी परिवारों में होता है और आप इसे अपनी प्रगति के रूप में लेंगे।

17 जनवरी : मकर राशि में नया चन्द्रमा

अगर आप ये सोचते हैं कि यह समय आपके लिए सबसे सही है तो यह उचित ही है। शक्ति, प्रतिष्ठा, पदोन्नति, पीईएफ, भत्ते, स्थिति ये सभी आपके लिए हैं। मुझे पर विश्वास करें आप इन्हें पा लेंगे। यदि ये पर्याप्त नहीं थे, तो रोमांस, या वास्तव में प्यार में पड़ सकते हैं, अगर आप अभी भी दिल से युवा और प्रेमाशक्ति से युक्त हैं।

24 जनवरी : वृषभ राशि की प्रथम तिमाही

आप अपने को व्यस्त और खुश रखने के लिए अतिरिक्त कार्य करेंगे, लेकिन अब आध्यात्मिकता, धर्म, तन्त्र और मन्त्र का अतिरिक्त लाभ होगा। आपका मन नयी ऊँचाइयों पर बढ़ रहा है। पैसे के मामले अच्छे होंगे—सहयोग, सौदों, विलय का योग है। सौदा के भाग के रूप में निवास या नौकरी में बदलाव हो सकता है।

31 जनवरी : सिंह राशि में पूर्णिमा

गुप्त मामले, गुप चुप वार्ता, सौदे और परदे के पीछे की गतिविधियाँ निश्चित रूप से किसी न किसी रूप में होंगे। आप दुनिया से और अलग होते जायेंगे निर्जन स्थान तलाशेंगे या कम से कम, अकेलेपन की इच्छा प्रदर्शित करेंगे। इसके विपरीत, एक ही समय में अच्छी खासी मात्र में, यात्रा, व्यापार और सही लोगों से पेशेवर बातचीत करेंगे और सामाजिक सम्पर्कों को शानदार बनायेंगे।

7 फरवरी : वृश्चिक राशि में चन्द्रमा की अन्तिम तिमाही

वित्त तत्काल आसान हो जायेगा, इसलिए घरेलू और कार्यालय/व्यवसाय दोनों की ज़रूरतों के लिए नकदी का प्रवाह होगा। काम का विकास और विस्तार होगा। शारीरिक रूप से, स्वास्थ्य कुछ हद तक बेहतर है और रिश्तों, पारिवारिक सम्बन्धों, वैवाहिक सद्भाव में भी गर्मी होगी। यह सब आपके स्वयं के आन्तरिक विकास और मानसिकता की वजह से, और बढ़ने की तत्परता के कारण है।

15 फरवरी : कुम्भ राशि में नया चन्द्रमा

कार्य सुर्खियों में है, और आप कन्या राशि वाले अपने काम सामान्य सटीकता और दक्षता के साथ करते हैं। अच्छे विचार, आगे बढ़ी हुई परियोजनाएँ, यहाँ तक कि नये सहयोग भी बन्द होंगे, और लम्बित कार्यों को सफलतापूर्वक पूरा किया जायेगा। अतिरिक्त आय प्राप्त करने के तरीके और साधन की प्रेरणा के प्रकाश से अतिरिक्त पैसा आयेगा।

23 फरवरी : मिथुन राशि में चन्द्रमा की तिमाही

आपको मुख्य अवसर पर अपनी नजर मिलानी होगी, ठीक है, यानी अपने करियर या व्यवसाय में। नौकरी, क़स्बा या शहर, दूसरे विभाग में स्थानान्तरण या प्रतिनियुक्ति का मौका अच्छी तरह से लाया जा सकता है। दृश्य परिवर्तन के रूप में पदोन्नति भी हो सकती है लेकिन अभी आपके कैरियर ग्राफ में बहुत प्रगति और बढ़त होनी चाहिए।

2 मार्च : कन्या राशि में पूर्णिमा

आपकी सार्वजनिक छवि और निजी व्यक्ति एक नये सिक्के की तरह चमकते हैं। यह आपका पेशा/नौकरी/करियर/व्यवसाय है जिसमें आप सबसे अधिक चमकेंगे, हालाँकि पारिवारिक जीवन में कुछ चमक फीकी हुई है। आप सफलता और गतिशीलता का सच्चा प्रतिनिधि हो सकते हैं, जिसकी ज्यादातर लोग इन दिनों कामना करते हैं।

9 मार्च : धनु राशि में चन्द्रमा की अन्तिम तिमाही

यह आपका परिवार है, आपकी जड़ें हैं, जो कि ब्रह्माण्ड के इस केन्द्र के अर्थ में आपके और आपके घर के लिए ज़रूरी हैं। माता-पिता, ससुराल और पुराने रिश्तेदारों के पास उनकी देखभाल और ध्यान के लिए साथ ही साथ घर और भवन के लिए कुछ समय यात्रा में खर्च होगा।

17 मार्च : मीन राशि में नया चन्द्रमा

आप अपनी पेशेवर और घरेलू दोनों महत्वाकांक्षाओं को पूरा करने के लिए और भविष्य की योजनाओं को एक वास्तविकता बनाने के लिए कार्य करेंगे। और इस हफ्ते आप यह सब हासिल करने के कगार पर हैं, अगर कुछ मायनों में पहले से ही ऐसा न हो तो। ज़ाहिर है, अधिक काम करने का प्रलोभन होगा लेकिन आप जितना भी काम कर सकते हैं उससे अधिक नहीं करें, आराम और विश्राम करें, इसकी पहले से कहीं ज्यादा आवश्यकता होगी।

24 मार्च : कर्क राशि में चन्द्रमा की तिमाही

यह एक जिन्दादिल सहभागिता, एकजुटता और प्यार है जो इस हफ्ते आपके दिल बुदबुदाते हैं और आप बस आराम करने की मनोदशा में नहीं बल्कि पार्टी और साथ-साथ सामाजिकता बढाने की मनोदशा में हैं। कन्या राशि वाले अक्सर पार्टी और मौजमस्ती करने वाले हो सकते हैं उन्हें व्यस्त सामाजिक जीवन दोस्तों के साथ बातचीत और यहाँ तक कि परिचितों की ज़रूरत होती है, ताकि वे यह महसूस कर सकें कि वे वास्तव में जीवित हैं। और आप कोई अपवाद नहीं हैं।

31 मार्च : तुला राशि में पूर्ण चन्द्रमा

परिवार और वित्त अभी भी मुख्य फ़ोकस में हैं। कुछ पारिवारिक मामलों को अभी एक तत्काल आधार पर निराश किए जाने की आवश्यकता होगी, हालाँकि वे पीछे ही हैं, जबकि आप काम और कैरियर की माँगों के लिए काम कर रहे थे। ये मुद्दे परिवार, धन या सम्पत्ति से सम्बन्धित हो सकते हैं। आप व्यापार लेनदेन और धन सम्बन्धी मामलों में एक साहसी मूड में होंगे।

8 अप्रैल : मकर राशि पर चन्द्रमा की पहली तिमाही

आप भौतिक चीज़ों और रिश्तों की दुनिया के बीच झूलते हैं, इसलिए इस बार फिर यह सम्बन्ध, बन्धन, रिश्तों के बारे में है। यह बाहर घूमने, मनोरंजन, भाग्यशाली निवेश, शौक में रचनात्मकता और विशेष रूप से आपके बच्चों से आपकी खुशी के सन्दर्भ में एक अच्छा समय है। अतिरिक्त बोनस आपके जीवन/हृदय यानी आपका सच्चा प्यार की और से पूर्ण प्रतिबद्धता और ख़ुशी के रूप में मिलता है।

16 अप्रैल : मेष राशि में नया चन्द्रमा

आप बराबर मात्रा में काम और मनोरंजन दोनों में लगभग अति सक्रिय होंगे। प्यार और पैसे दोनों के लिए यह जोखिम लेने का समय है। समय ने जिन कहावतों को सही साबित किया है उनमें से दो हैं—'भाग्य ने बहादुर का पक्ष लिया' और 'बेहोश दिल ने कभी निष्पक्ष महिला नहीं जीती' कन्या राशि के लिए इस तिमाही के बारे में अनुमान हैं। इसके अलावा, थोड़ा-सा सामाजीकरण, थोड़ी यात्रा, और व्यस्त का दौर!

22 अप्रैल : सिंह राशि में चन्द्रमा की अन्तिम तिमाही

काम के मोर्चे पर, आपके जनसम्पर्क और जन कौशल जबरदस्त होंगे। आप आसानी से लक्ष्यों को प्राप्त करेंगे, समय सीमा को पूरा करेंगे, और भ्रामक सरलता से मुश्किल मिशनों और कामों को पूरा करेंगे। आप लोगों तक "तैर कर" पहुँचेंगे, जैसा की बर्टी वास्टर ने कहा था, और यह आपकी सफलता का राज है।

30 अप्रैल : वृश्चिक राशि में पूर्णिमा

खर्चे बढ़ने की सम्भावना है जो बाहरी गोलार्द्ध तक पहुँचेंगे, वे बहुत ऊँचे हैं, लेकिन आय का मिलान होगा, इसलिए वास्तव में यही बोलना होगा, कि पैसे की कोई भी चिन्ता नहीं होनी चाहिए। खर्च का एक हिस्सा घर के लिए उपकरण, आराम और विलासिता में हो सकता है, जो कि इस तिमाही को ध्यान में रखते हुए समान रूप से है। एक ऐसा चरण जिसके लिए आपको आभारी होना चाहिए, पिछले कुछ हफ्तों से आपके लिए प्रबल हो गया है।

8 मई : कुम्भ राशि में चन्द्रमा की अन्तिम तिमाही

जब आप इस तरह की भूमिका में होते हैं तो आपको कोई रोक नहीं सकता है, जैसा कि सौरव गाँगुली ने किया था जब उन्होंने इंग्लैंड के टॉन्टन में विश्व कप लीग मैच में रिकॉर्ड तोड़ दिया था। प्रतिष्ठित सम्मेलनों, जन सम्पर्क अभ्यासों, उच्च स्थानों में दोस्त, और उच्चतम (राजनीतिक?) मंडल में यह सुनिश्चित होगा कि आपकी उल्कामी वृद्धि को कुछ भी रोक नहीं सकता।

15 मई : वृषभ राशि में नया चन्द्रमा

यात्रा से खुशी और लाभ मिलेगा, इसलिए, भी क्यूँकि रोमांस, शादी, या शादी होने से अधिक खुशी मिलेगी, मुझे लाभ के बारे में इतना यकीन नहीं है! आपकी सार्वजनिक छवि बढ़ जायेगी। सम्मेलनों, बैठकों, सेमिनारों, सहयोगों में आप शानदार ढंग से भाग लेते हैं, और यह सब करने का बहुत अच्छा समय है। गणेश जी के भक्त का कहना है कि आपको अधिक शक्ति मिलती है।

22 मई : कन्या राशि में चन्द्रमा की पहली तिमाही

गुप्त सौदे, गुपचुप बैठकें, रहस्यमय और गूढ़ गतिविधियाँ और कर्रवाइयाँ इस अवधि में सबसे महत्वपूर्ण होंगी। एक गुप्त प्रेम सम्बन्ध या सम्पर्क, शायद, यह भी। इस प्रकार की गुप्त गतिविधियाँ और छिपे हुए रोमांस के साथ, आपका खर्च वास्तव में बहुत ज्यादा होगा। अस्पष्ट होने या चोर-पुलिस खेलने के लिए यह महंगा है, है ना?

29 मई : धनु राशि में पूर्ण चन्द्रमा

आप अपनी जीवन शैली में सारा उत्साह और उच्च जीवन जीते हैं और घर और परिवार पर ध्यान केन्द्रित करते हैं, एक शान्त जीवन और घरेलू खुशियाँ। आप वित्तीय मामलों में अभी भी एक साहसी जोखिम लेने वाले हैं, हालाँकि, निवेश और अटकलें बहुत, बहुत आकर्षक होंगे।

6 जून : मीन राशि में चन्द्रमा की तिमाही

अपनी सभी महत्वाकांक्षाओं और सपनों को सच बनाने के लिए, आपको कठिन परिश्रम करना होगा ! और इस अवधि में आप इसके लिए सक्षम और तैयार हैं। एक पड़ाव के साथ यात्रा, शायद, सम्बन्ध और सहयोग। इस अवधि में उच्च गतिविधि होगी क्योंकि यह आपकी जन्म राशि है। इसके अलावा भागीदारी भी महत्वपूर्ण होगी, चाहे वह पुरानी हो या नयी हो, पेशेवर हो या व्यक्तिगत हो।

13 जून : मिथुन राशि में नया चन्द्रमा

आप अपने कार्यालय/कारखाने/व्यापार परिसर के काम पर प्रभावशाली होंगे। यह आपके कार्यस्थल पर है कि आप इस हफ्ते अपने सर्वश्रेष्ठ प्रदर्शन करते हैं, हालाँकि खेल और खुशी के दौरान भी, आप एक-दूसरे के करीब आते हैं। आपके द्वारा किए गये सभी कार्यों में एक निश्चित तीव्रता है। जो भी हो, गणेश जी की प्रेरणा से आप सभी सही चालें चलते हैं, जो कहते और करते हैं वह सही करते हैं।

20 जून : कन्या राशि में चन्द्रमा की तिमाही

यह एक चरण है जब आप अपने जीवन की समीक्षा करना, अपने मूल्यों को प्राथमिकताएँ देना और उन्हें फ़ोकस में

रखना चाहते हैं, भले ही आप अपने मानकों पर ध्यान न देकर काम करते रहें। यह आपका घर और परिवार है जो आपका ध्यान आकर्षित करता है, और साथ ही साथ सुलझाने के लिए कोई जटिल व्यक्तिगत मामला हो सकता है। एक लम्बे समय से जो सपना आप देख रहे हैं वह अब सच हो सकता है।

28 जून : मकर राशि में पूर्णिमा

इस अवधि में चमक और दमक भी अधिक अद्‌भुत है। यह इस तरह होता है : (ए) उपलब्धियाँ—विज्ञापन, कला, सूचना-तकनीक, शोध, सभी शैक्षणिक कार्य शानदार ढंग से करते हैं; (ख) निजी जीवन में खुशी—हँसी, अच्छे दोस्त, रोमांस, प्रेम और विवाह; (ग) सफलता—अच्छी साझेदारी, अब किए गये सौदों की बड़े लाभ और प्राप्ति से ताजपोशी होगी।

6 जुलाई : मेष राशि के चन्द्रमा की तिमाही

घर और परिवार को कुछ पुनर्गठन की आवश्यकता हो सकती है। आपको घरेलू मामलों के लिए बहुत से फंडों की आवश्यकता होगी, इसलिए संयुक्त वित्त, वैवाहिक धन और खातों पर काम करना होगा, साथ ही करियर की माँग भी होगी। एक वित्तीय निपटान किया जा सकता है और घरेलू जिम्मेदारियों को पूरा किया जा सकता है। ऐसा करने के लिए आपको अपनी व्यक्तिगत कैरियर आकांक्षाओं को ताक पर नहीं रख देना चाहिए।

13 जुलाई : कर्क राशि में नया चन्द्रमा

यह धन या मौद्रिक लाभ के लिए नहीं बल्कि वास्तव में जीवन में जैकपॉट हासिल करने , उन्नति और धन दोनों के सन्दर्भ में, पैसा कमाने का समय है। शक्ति, स्थिति, प्रतिष्ठा और पीईएफ

आपके पास यह सब होगा। गणेश जी के इनाम की आपके लिए कोई सीमा नहीं होगी, कम से कम भौतिक शब्दों में।

19 जुलाई : तुला राशि में चन्द्रमा की तिमाही

आपको पहले की तुलना में अपने जीवन के इस चरण में और अधिक गतिविधि करनी होगा, और इसका मुख्य जोर, ध्यान, लक्ष्य और परिणाम, पैसा होगा। पैसे का रंग आपकी सभी गतिविधियों, घर पर, कार्यालय में, यहाँ तक कि पालतू जानवरों और बच्चों के साथ और निश्चित रूप से प्यार और रोमांस और विवाह को प्रभावित करता है। आपके सामाजिक जीवन का उल्लेख नहीं किया गया है।

27 जुलाई : कुम्भ राशि में पूर्ण चन्द्रमा

जबरदस्त कड़ी मेहनत के एक प्रवृत्ति के साथ प्यार, रोमांस, धन-निर्माण में समान रूप से जबरदस्त सफलता। इसके अलावा, आप धर्म, तन्त्र और मन्त्र, प्रार्थना, विश्राम, आराम, प्रेरणा के लिए ध्यान आकर्षित करेंगे। यहाँ तक कि सफलता भी थका सकती है, क्योंकि मुझे यकीन है कि आप अब तक उसकी खोज करेंगे। यह कुछ नये हफ्तों के लिए प्रवृत्ति होगी।

4 अगस्त : वृषभ राशि में चन्द्रमा की तिमाही

यह जोरदार ढंग से प्रदर्शन और स्टाइल के साथ सामाजीकरण करना है। इस हफ्ते आप वास्तव में बहुत आनन्द लेंगे। व्यापार और जनसम्पर्क, समारोह और कार्य, पार्टियाँ, खेल, सम्बन्ध और सहयोग। आप सौदेबाजी में पैसा भी बनाते हैं! लेकिन आराम, स्वास्थ्य की देखभाल और एक नियमित दिनचर्या, और आहार पहले से कहीं अधिक आवश्यक साबित होगा।

11 अगस्त : सिंह राशि में नया चन्द्रमा

बीमारी से निपटना, अस्पतालों में जाना—अपने लिए या अपने किसी करीबी के लिए आपको अपने कार्यों और योजनाओं से रोकेंगे। तो भी, जबरदस्त खर्च होगा। ऐसा हो सकता है कि आपने पिछले सप्ताह की मेरी चेतावनी पर ध्यान नहीं दिया हो। किसी भी मामले में, आप जिस तरह से अपना जीवन जी रहे हैं, उस तरह के अद्‌भुत तरीके को पुन: पेश करना चाहते हैं, और एक अलग फ़ोकस या लक्ष्य और एक अधिक सुखद दृष्टिकोण की कोशिश करें।

18 अगस्त : वृश्चिक राशि में चन्द्रमा की तिमाही

आपकी योजनाओं में परिवार के सदस्यों का एक साथ आना उल्लेखनीय होगा। आपके भाइयों, बहनों, करीबी रिश्तेदारों का मतलब आपके लिए बहुत अधिक होगा। मन की यात्रा और विस्तार में उचित खर्चा होगा जैसे एक नये कौशल, कम्प्यूटर प्रौद्योगिकी, उच्च अध्ययन, शोध, और योग्यताएँ सीखना। यह सब पिछले हफ्ते आत्मा-खोज का अधिक या कम प्रत्यक्ष परिणाम साबित होगा।

26 अगस्त : मीन राशि में पूर्ण चन्द्रमा

गहन गतिविधि की अवधि। यह सभी राशियों के जन्म माह में सामान्य है। कौशल और उपलब्धियों की प्रचुरता होगी, कुछ सपने सच हो रहे हैं, महत्वाकांक्षाएँ पूरी हुई हैं, लेकिन इस तरह की चमकदार सफलता जिसे आपने मई के बाद से प्राप्त किया है, ईर्ष्या, द्वेष, दूसरों में भी दुश्मनी पैदा करती है। आपको विशेष रूप से पैसे के मामले में देखना होगा, जहाँ आपको

सन्दिग्ध, धोखाधड़ी वाले सौदों के पास बिलकुल नहीं जाना चाहिए।

3 सितम्बर : मिथुन में चन्द्रमा का क्वार्टर

यह केवल अब है कि किसी भी स्थिति के लिए तैयार होने के लिए आवश्यक होने से आप सही मूल्यों, अच्छे उद्देश्यों और धार्मिक जीवन के मूल्य की प्रशंसा करते हैं। ऐसा नहीं है कि आपने पहले ऐसा नहीं किया है, लेकिन अब यह आपके जीवन का एक हिस्सा है, जो पहले कभी अनुभव नहीं हुआ है, यहाँ तक कि आपके द्वारा भी, पूर्णता से प्यार करते हैं। कड़ी मेहनत के प्रति आपकी प्रतिबद्धता जारी रहती है और जीवन के इस दृष्टिकोण में निर्मित होती है।

9 सितम्बर : कन्या राशि में नया चन्द्रमा

देखभाल, साझा करना, संलग्नता, शान्ति, उत्कृष्टता, सद्भाव सब आपके लिए एक साथ आते हैं। आपके परिवार, प्रियजन और विशेष रूप से आपके पति/पत्नी आपके जीवन के 'आदि और अन्त' होंगे। मैं इसे विलियम शेक्सपियर के इस प्रसिद्ध वाक्यांश की तुलना में बेहतर ढंग से नहीं व्यक्त कर सकता हूँ। यह दृढ़ विश्वास आपके सभी कार्यों और गतिविधियों को मार्गदर्शन करेगा, भविष्य में प्रेम और रोमांस के मामलों में भी।

16 सितम्बर : धनु राशि में चन्द्रमा की तिमाही

आप वास्तव में अपने जीवन और जीविका के प्रति दृष्टिकोण में भी मौलिक, निर्णायक और आविष्कारशील होंगे, यहाँ तक कि नये युग जीविका के बारे में भी। घर और चूल्हा, आपकी अपनी सम्पत्ति या धरती के टुकड़े का नवीकरण, बहाली,

देखभाल होगी। सभी प्रकार के संचार पर आपकी बहुत बढ़िया पकड़ होगी, लेकिन परिवार के सभी मुद्दों में से अधिकांश, जहाँ आप स्नेह के साथ प्रबुद्ध ज्ञान प्रदर्शित करते हैं।

25 सितम्बर : मेष राशि में पूर्ण चन्द्रमा

शक्ति, महानता और महिमा का एक जबरदस्त विस्फोट। यह धर्म, पैसा, सेक्स और जुनून, शायद उन सभी पर केन्द्रित होगा ! यह एक ऐसा समय है जब आप जीवन के खेल में विजेता हैं, लेकिन आपको चिप्स के लिए भुगतान करना पड़ता है जिसके साथ आप जुआ खेलते हैं। स्वास्थ्य चिन्ता, एक दुर्घटना के मामूली बदलाव का ध्यान जाना चाहिए, गणेश जी चेतावनी देते हैं।

2 अक्टूबर : कर्क राशि में चन्द्रमा की तिमाही

आपको तनाव और चिन्ताओं का अनुभव होगा जो आपके पास आते हैं। आप आराम करेंगे, अपने आप को फिर से जीवन्त करेंगे (यह किसी भी उम्र में किया जा सकता है।) अच्छी संगत, दोस्त, सामाजीकरण, मस्ती और हँसी, घूम-गश्त और खेल—ये सभी गतिविधियाँ कोई छोटी-सी बातों में योगदान नहीं करती हैं। इसमें व्यवसाय/व्यवसाय में सफलता जोड़नी होगी।

9 अक्टूबर : तुला राशि में नया चन्द्रमा

भोजन, परिवार और बेशक, वित्त। लेकिन यहाँ उन्हें थोड़ा समझाया जा रहा है। चलो शुरू करें : (क) भोजन—मनोरंजक और मनोरंजन करने का मतलब है, भोजन करना, आतिथ्य उद्योग, यहाँ तक कि आहार की देखभाल, होटल, रेस्तरां, पोषण परामर्श; (ख) परिवार—सिर्फ अपने परिवार और भाई-बहनों से

जुड़े मामलों तक सीमित नहीं है, बल्कि परिवार, ससुराल, अपने पूर्वजों, अपनी जड़ों और उनसे लगाव से है।

16 अक्टूबर : मकर राशि में चन्द्रमा की तिमाही

इस अवधि में आपके लिए सिर्फ लोग होंगे। अभी व्यक्तिगत सम्बन्ध आपके लिए सब कुछ हैं। ये आवश्यक रूप से व्यक्तिगत मूल्य और रचनात्मकता, आपके बच्चों के मामलों, गतिविधियों, व्यवसायों और अन्त में घरेलू और परिवार के मुद्दों में पूर्ण भागीदारी दिखायेंगे। ये सभी आपके लिए महत्वपूर्ण होंगे, और उनमें आपकी भूमिका समान रूप से महत्वपूर्ण और बड़ी होगी। बस।

24 अक्टूबर : वृषभ राशि में पूर्ण चन्द्रमा

चाँद की नयी कला के चरण के साथ चलने वाली प्रवृत्ति इस महीने में और भी बढ़ी है। इच्छा-पूर्ति, सपने सच होना; कपड़े और केश विन्यास से लेकर घर तक कुल आत्म सुधार अभियान इसके अलावा, महत्वपूर्ण यात्रा और समारोह—धार्मिक और इसके अलावा भी होगी, और निश्चित रूप से, अन्त के लिए सर्वश्रेष्ठ—अन्तर्ज्ञान, धारणा, शुद्ध प्रतिभा के मामले में आतिशबाजी।

31 अक्टूबर : सिंह राशि में चन्द्रमा की तिमाही

यात्रा और सम्बन्ध आपके लिए सबसे महत्वपूर्ण हैं। आप जिस दुनिया में रहते हैं यात्रा आपको उससे निश्चित रूप से दूर ले जाती है, विश्व-घबराहट, एन्नी, मोहभंग का अहसास। यह केवल उन स्थानों और लोगों तक पहुँचना है जो आपको इस पर काबू पाने में मदद करेंगे, साथ ही साथ अकेलेपन की भावना जो आपको डुबा सकती है। गणेश जी आपको दिलासा देंगे—वह हमेशा करता है।

7 नवम्बर : वृश्चिक राशि में नया चन्द्रमा

आप पिछली तिमाही के चरण को अपने पीछे छोड़ गये हैं, साक्षात्कार, परीक्षाओं, कौशल और/या मानसिक चपलता और क्षमता के परीक्षणों के साथ शानदार प्रदर्शन करते हैं। आपके बच्चों से भी आपको बहुत खुशी है, यह आपको, उदासी से बाहर खींचने के लिए है और अन्त में, खूब सारी यात्रा भी। आप इसे विशिष्ट कन्या राशि की पूर्णता और उत्कृष्टता के साथ ऐसा करते हैं।

15 नवम्बर : कुम्भ राशि में चन्द्रमा की तिमाही

धन के मामलों और उन आश्रितों के बारे में, जहाँ आप प्रबन्धन में अपने प्रभावशाली कौशल का प्रयास करेंगे, पूरे विश्व को क्रम में रखने का प्रयास करेंगे। पैसों के मामलों, परियोजनाओं के लिए ऋण और फंड, पूँजी की व्यवस्था करना, विशेष रूप से सामाजिक कार्य के लिए निवेश करने से सम्बन्धित होंगे। सामाजिक बीमारियों और विसंगतियों पर अब आप दिमाग लगायेंगे।

23 नवम्बर : मिथुन राशि में पूर्णिमा

भत्ते, पदोन्नति, सम्भावनाएँ, स्थिति और शक्ति 2018 के अन्त तक हैं। यह आपके लिए सहस्राब्दी का उपहार है, सभी को शुरू कर दिया गया है लेकिन अब परिणाम प्राप्त हो रहे हैं। सम्मान, मान्यता, पुरस्कार, वे सब हैं। आभारी रहना सीखें, जैसा गणेश जी कहते हैं और जितने भाग्यशाली आप हैं दूसरों के न होने पर उनकी आलोचना न करें। पाने के लिए सफलता से अधिक नहीं है, वे कहते हैं, लेकिन कम सफल लोगों के लिए दयालु होना और भी अधिक सफल होना है।

30 नवम्बर : कन्या राशि में चन्द्रमा की तिमाही

अब आपके दृष्टिकोण में बहुत आदर्शवाद होगा, विशेष रूप से आत्म-सहायता और कड़ी मेहनत के मूल्यों के बारे में और उत्कृष्टता के लिए प्रयास करेंगे। ये सभी आपके व्यक्तित्व और मानसिक बनावट का एक आवश्यक हिस्सा हैं।
जीवन में यह सब 'दैनिक रूप से, सामान्य कार्य' में कर लेंगे और साधारण से परे हटेंगे।

7 दिसम्बर : धनु राशि में नया चन्द्रमा

आपके लिए एक साल के काम की नयी ला: जो कि आपने पहले ही शुरू की थी, अधिक अवशोषित और दिलचस्प साबित हो सकती है। तो भी, आपकी सार्वजनिक छवि, आप दूसरों को कैसे देखते हैं, आप अपने आप को पूरी दुनिया में कैसे प्रोजेक्ट करते हैं आपका आन्तरिक स्वभाव काफी हद तक छिपा रहेगा, विशेष रूप से ऊँचे आदर्श और भावनाएँ जो आपने हासिल की हैं यह केवल कुछ चुने हुए लोगों के लिए है जिन्हें आप अपना सच्चा आत्मप्रदर्शन करते हैं या अपनी रक्षा को ढीला कर देते हैं।

15 दिसम्बर : मीन राशि में चन्द्रमा की तिमाही

आप अपने दुश्मनों से मनमुटाव ख़त्म कर लेंगे, लम्बे समय तक जिन रिश्तेदारों से नहीं मिले उनसे मिलेंगे, लम्बे समय से भूल गये दोस्तों के सम्पर्क में रहेंगे और यादों के झरोखों में बह जायेंगे। लोग महत्वपूर्ण होंगे, यदि सब कुछ नहीं तो अब आप उनके बीच एक हार्दिक सम्बन्ध का निर्माण करेंगे। प्यार और रोमांस के लिए भी—सर्दियों की ठंड के खिलाफ आरामदायक

मेलजोल होगा! आधिकारिक और निजी कार्यों और समारोहों में आप व्यस्त और खुश रहेंगे।

22 दिसम्बर : कर्क राशि में पूर्ण चन्द्रमा

आपके दिल में विश्वास, आशा और दान के सभी तीन प्रमुख गुण होंगे, जैसा कि आप ईसाई युग के 2000 वर्षों के बारे में देखते हैं। साथ ही, ज्ञान के अगले हज़ार वर्षों की शुरुआत में, भविष्य के लिए आशा में, और एक बेहतर विश्व व्यवस्था के बारे में। यह बेकार विचारों और उम्मीदों के बावजूद नहीं है आप इसके लिए मेहनत करने के लिए तैयार हैं। मानवता से मेरे भाई आप को अधिक शक्ति प्राप्त होगी, गणेश जी और मैं कहते हैं।

29 दिसम्बर : तुला राशि में चन्द्रमा की तिमाही

आपकी उपलब्धियों, गतिविधियों, सम्मान और प्रतिष्ठा से उत्पन्न उत्साह अब दोस्ती और भौतिक उन्नति दोनों के सन्दर्भ में भारी लाभ लाता है, ताकि आप जीवन से सन्तुष्ट, पुष्ट और प्रसन्न महसूस कर सकें। हालाँकि, मित्रों, सहयोगियों या सहकर्मियों के साथ धन सम्बन्धित मामलों में भागीदारी को स्पष्ट करने का समय है। कुल मिलाकर, आप अधिक दोस्ताना, अधिक उदार, लेकिन अधिक असाधारण हो जायेंगे।

उपलब्धियाँ 2018

भगवान गणेश की कृपा से, मेरे बेटे नस्तूर ने फोर सीजन, मुम्बई और प्रोवनंस फोर सीजन प्राइवेट रेसिडेन्स के मालिकों श्री राज कुमार जाटिया और उनके पुत्र आदर्श जाटिया में संरक्षक पाया। धैर्य और कड़ी मेहनत, मेरे बेटे को दुनिया के शीर्ष पर ले जा सकती है जहाँ श्री राज कुमार जाटिया एक चमकते सितारे के समान हैं। अविर ग्रुप ऑफ होटल्स, कराची के बड़े बिजनेस टाइकून बायरम अवारी और उनकी पत्नी, गोशवी अवारी ने शादी की अपनी 50वीं सालगिरह में शामिल होने के लिए नस्तूर को आमन्त्रित किया था।

मैं अपने प्रयुश पोद्दार, उनके पिता और उनके परिवार को आशीर्वाद देता हूँ कि उनके ऊपर समृद्धि बनी रहे। उनकी कम्पनी, एएमपी यूनिवर्सल रियल्टी प्राइवेट लिमिटेड, समृद्ध बनी रहे। वह मेरे लिए एक पुत्र की तरह है।

भगवान गणेश की कृपा राजकोट के पुलिस आयुक्त श्री अनुपम सिंह गेहलोत पर बनी रहे। वह हमेशा अच्छे समय और बुरे समय में मेरे परिवार के साथ खड़े होते हैं। राजकोट में उनके ईमानदार प्रयासों के कारण शान्ति और समृद्धि बनी है।

भाजपा के राष्ट्रीय उपाध्यक्ष और राज्यसभा सदस्य, विनय सहस्रनंबुद्धे एक बहुत ही अच्छे और महान सज्जन हैं। वह महाराष्ट्र के मुख्यमंत्री देवेन्द्र फड़णनवीस के साथ बैठक की व्यवस्था करने के लिए काफी अनुग्रहशील थे, जो बहुत ही गतिशील हैं और उन पर दिव्यता का स्पर्श है।

शारीरिक हाव-भाव

गणेश जी का मानना है कि ज्योतिष कुल मिलाकर व्यवहार, रिश्तों और उन्हें कैसे सँभालना है इसी बारे में है। इसलिए, नीचे दिये गये दिशा-निर्देशों से आपको खुद को और दूसरे लोगों को समझने में मदद मिलेगी। कोई भी जानकारी जो कि स्वयं के ज्ञान को बढ़ाती है, उसका हमेशा स्वागत है। यहाँ शरीर के हाव-भाव और इसके सम्भावित व्याख्याओं के कुछ उदाहरण दिये गये हैं :

सकारात्मक तरंगें

- **खुली बाहें और हाथ** : खुला और ग्रहणशील
- **आगे बढ़ना** : बातचीत में दिलचस्पी
- **विनोदी होने का प्रयास करना या मुस्कुराना** : मैत्रीपूर्ण
- **रुक-रुक कर आँख मिलना** : फ़ोकस और जिज्ञासु
- **सुनते वक्त बिगड़ना** : चौकस और सतर्क
- **खुली हथेलियाँ** : पहुँच योग्य और भरोसेमन्द
- **बात करते हुए हाथों की भाव-भंगिमा** : वास्तव में बातचीत में शामिल होना
- **सीधे कंधे** : सकारात्मकता

नकारात्मक तरंगें

- **बन्द बाँह और/या पैर** : बंद, रक्षात्मक, आरक्षित या संदिग्ध
- **जेब के अन्दर हाथों को रख कर खड़ा होना** : अनिश्चित या संदिग्ध
- **अपने दाँत पर अपनी जीभ चलाना, बाल या आभूषण के साथ खेलना या पैर हिलाना** : घबराहट और/या ऊब
- **आँख मिलाने में कमी या बहुत हद तक और अनजाने घूरना** : अविश्वसनीय
- **पीछे मुड़ना** : असुविधाजनक
- **पीछे मुड़ने के दौरान सिर के पीछे हाथ लहराना** : हिम्मत जुटाना
- **कंधे झुलाना** : अनिश्चित

जीवन के रंग

गणेश जी का मानना है कि जीवन इन्द्रधनुष की तरह है। जीवन स्वभाव की तरह है : प्रचुरता और विविधता से भरा हुआ। इसका सबसे अच्छा हिस्सा यह है कि आप वास्तव में नीचे दिये गये रंगों के साथ प्रयोग कर सकते हैं और यह मजेदार है। यहाँ, हम आनन्द, उपयोग, अनुभव के लिए बहुतायत और विविध रंगों को दे रहे हैं।

- **ऊर्जावान** : लाल
- **साहसी** : लाल, नारंगी
- **विपुल** : नारंगी
- **सक्रिय** : नारंगी, पीला
- **आधुनिकता** : पीला
- **सशक्त** : हरा, पीला
- **सनी** : हरा, पीला
- **ताजगी** : हरा
- **प्रकाशमान** : नीला, हरा
- **सम्मोहक** : नीला
- **राजसी** : नीला, बैंगनी

- **मोहक** : बैंगनी
- **चपलता** : लाल, नारंगी, बैंगनी, पीले
- **जीवन्तता** : हरा, लाल

(आपका ज्योतिष मानता है कि यह रंग संयोजन उसका स्वयं का नहीं है।)

महत्वपूर्ण तिथियाँ

मैंने हमेशा यह माना है कि असफलता का डर कभी ज्ञान की प्रगति नहीं करता है। ये तिथियाँ और दिशाएँ पुस्तक में कहीं और विभिन्न प्रवृत्तियों और पूर्वानुमानों से भिन्न हो सकती हैं। यहाँ एक अलग दिशा को लक्षित किया जा रहा है। यह पूरी तरह से एक अलग मामला है। इसे बड़े पैमाने पर एक प्रयोग के रूप में लिया जाता है, जिसमें खुद पाठक प्रयोगिक वस्तु के रूप में हैं (स्वेच्छा से, मुझे उम्मीद है) ।

कृपया याद रखें : एक नियम के रूप में, आपके जन्म का महीना और उससे आगे का सातवाँ महीना व्यस्त होगा। उदाहरण के लिए, यदि आपका जन्म का महीने मार्च है, तो इससे आगे का सातवां महीना सितम्बर होगा। ये दोनों महीने मानसिक रूप से बहुत ही अस्त-व्यस्त होंगे।

मेष राशि

जनवरी : 3-4, 8-9, 11-15, 17-18, 21-22, 25-27, 30-31

फरवरी : 1, 4-6, 9-10, 13-15, 18-19, 22-23, 27-28

मार्च : 3-4, 7-9, 12-13, 16-17, 20-21, 25-26, 30-31

अप्रैल : 4-5, 8-9, 12-13, 16-17, 20-21, 25-26, 30-31

मई : 1-2, 5-6, 9-11, 14-15, 19-20, 24-25, 28-30

जून : 2-3, 6-7, 10-11, 15-16, 20-21, 25-26, 29-30

जुलाई : 2-3, 6-7, 10-11, 15-16, 20-21, 25-26, 28-30

अगस्त : 1, 4-5, 8-10, 13-15, 19-20, 23-24, 27-29

सितम्बर : 1, 5-6, 10-11, 15-16, 19-20, 23-24, 27-29

अक्टूबर : 2-3, 7-8, 12-13, 16-17, 21-22, 25-26, 29-31

नवम्बर : 3-5, 8-9, 13-14, 17-18, 21-22, 26-27

दिसम्बर : 1-2, 6-7, 10-11, 14-15, 18-20 (सबकुछ 18-20 दिसम्बर के बीच मिलता है, यह फ़ोकल बिन्दु है), 23-24, 28-29

विशेष नोट : मेष राशि के लिए, किसी कार्य को शुरू करने के लिए फरवरी पूरे वर्ष का लॉन्च पैड है।

वृषभ राशि

जनवरी : 1-2, 5-7, 10-12, 15-16, 19-20, 23-24, 28-29

फरवरी : 2-3, 7-8, 11-12 16-17, 20-21, 24-26, 29

मार्च : 1-28, 5-6, 10-11, 14-15, 18-19, 22-24, 27-29

अप्रैल : 1-3, 6-7, 10-11, 14-16, 19-20, 24-25, 29-30

मई : 3-4, 7-8, 12-13, 16-18 (मामले अब उबाल में आते हैं), 22-23, 26-27, 31

जून : 1, 4-5, 8-9, 12-14, 17-19, 22-24, 27-28

जुलाई : 2-3 (परिवार, भोजन, बिरादरी, दोस्ती के लिए उत्साहजनक), 6-7, 10-12, 15-16, 20-22, 25-26, 29-30

अगस्त : 2-3, 6-7, 11-12, 16-18, 21-22, 26-28, 30-31

सितम्बर : 3-4, 8-9, 13-14, 17-19, 22-23, 26-27, 30

अक्टूबर : 1, 5-6, 10-11, 15-16, 20-21, 23-25, 28-30

नवम्बर : 1-2, 6-7, 10-12, 15-16, 19-20, 23-25, 28-30

दिसम्बर : 3-5, 8-9, 12-13, 16-17, 20-22, 25-27, 30-31

मिथुन राशि

जनवरी : 3-4, 8-9, 13-14, 17-8, 21-22, 25-27, 30-31

फरवरी : 1, 4-6, 9-10, 13-15, 18-19, 22-23, 27-28 (भविष्य का नियोजन करने का समय फरवरी है)

मार्च : 3-4, 8-9, 12-13, 16-18, 21-22, 25-27, 30-31

अप्रैल : 4-5, 8-9, 12-13, 17-18, 21-23, 26-28

मई : 5-6, 9-11, 14-15, 19-20 24-25, 28-30

जून : 2-3, 6-7, 10-11, 15-16, 20-21, 25-26, 29-30 (जून आनन्द का पर्याय बन जायेगा)

जुलाई : 3-4, 7-9, 12-14, 17-19, 22-23, 27-28, 31

अगस्त : 1, 4-5, 8-10, 13-15, 18-20, 23-24, 27-28, 30-31

सितम्बर : 5-6, 10-11, 15-16, 19-20, 23-24, 27-29

अक्टूबर : 2-3, 7-8, 12-13, 16-17, 21-22, 25-26, 29-31, (बच्चों और विचार में आपका समय और ऊर्जा लग सकती है)

नवम्बर : 3-5, 8-9, 13-14, 17-18, 21-22, 26-27

दिसम्बर : 1-2, 6-7, 10-11, 14-15, 18-20, 23-24, 28-29

विशेष नोट : इस महीने सितारों की संख्या से, आप चालाक, चतुर मिथुन राशि वाले अगस्त महीने को सम्पर्कों, अनुबन्ध, रिश्ते, एहसान और दायित्वों के लिए निर्णायक महीना पायेंगे। जून के आस-पास या उसके बाद बने गठजोड़ और सम्बन्ध अगले वर्ष तक या जीवन भर कायम रह सकते हैं।

कर्क राशि

जनवरी : 1-2, 5-7, 10-12, 15-16, 19-20, 23-24, 28-29

फरवरी : 2-3, 7-8, 11-12, 16-17, 20-21, 24-26, 29

मार्च : 1-2, 5-6, 10-11, 14-15, 18-19, 22-24, 27-29

अप्रैल : 1-3, 6-7, 10-11, 14-16, 19-20, 24-25, 29-30

मई : 3-4, 7-8, 12-13, 16-18, 21-23, 26-27, 31

जून : 4-5, 8-9, 12-14, 17-19, 22-24, 27-28

जुलाई : 1-2, 5-6, 10-11, 15-16, 20-21, 24-26, 29-30

अगस्त : 2-3, 6-7, 11-12,16-17, 21-22, 25-268, 29-30

सितम्बर : 2-4, 7-9, 12-14, 17-18, 21-11, 25-26, 30

अक्टूबर : 1, 4-6, 9-11, 14-15, 18-20, 23-24, 27-28

नवम्बर : 1-2, 6-7, 10-11, 15-16, 19-20, 23-25, 28-30

दिसम्बर : 3-5, 8-9, 10-13, 16-17, 21-11, 25-27, 30-31

विशेष नोट : कर्क राशि वालों के लिए जनवरी और मार्च हमेशा ही केन्द्रीय बल है जहाँ से सम्बन्धों, सम्पर्कों, संचार और सम्बन्धों की प्रवृत्ति शुरू होती है। मई और नवम्बर में सामाजिक आवर्तन के लिए जिम्मेदार महीने हैं। लोगों के साथ मिलकर, आप सफलता और खुशी की सम्भावनाओं को बढ़ाते हैं। सौ में से सत्तर बार जन्म का महीना जुलाई, किस्मत, परिवर्तन, रिश्तों के लिए असाधारण महत्व का होता है। आम तौर पर, लेकिन हमेशा

नहीं, यह सबसे शक्तिशाली महीनों में से एक होगा। सितम्बर सम्पर्क, संचार, अनुबन्ध और गठबन्धनों के लिए आवश्यक है दिसम्बर के अन्तिम सप्ताह में 2018 में लोगों और स्थानों तक पहुँचने के लिए एक सशक्त तैयारी होगी।

सिंह राशि

जनवरी : 3-4, 8-9, 13-14, 17-18, 21-22, 25-27

फरवरी : 4-6, 9-10, 13-15, 18-19, 22-23, 27-29

मार्च : 3-4, 7-9, 12-13

अक्टूबर : 2-3, 7-8, 12-13, 16-17, 21-22, 26-27

नवम्बर : 3-5, 8-9, 13-14, 17-18, 21-22, 25-26, 29-31

दिसम्बर : 1-2, 6-7, 10-11, 14-15, 18-20, 23-24, 28-29

विशेष नोट : सिंह राशि वालों के लिए, फरवरी, हालाँकि थोड़ा मुश्किल है, लोगों से मिलने और प्रियजनों के साथ सम्बन्धों के लिए एक महत्वपूर्ण प्रवेश द्वार है। इस महीने में यात्राएँ होने की सम्भावना है हालाँकि अगस्त आपका जन्म महीना है और आपमें शक्ति की भावना होगी, आपको सावधान रहना चाहिए कि आप लोगों को विरोधी न बनायें, खासकर उन्हें जिन्हें आप प्रिय हैं। एक छोटी-सी कूटनीति रिश्तों में गतिशीलता ला सकती है। आश्चर्यजनक रूप से, अचानक और/या गुप्त भाग्योदय। किसी भी प्रकार की भीड़ खींचने वाली गतिविधि, लोकप्रियता या प्रचार के लिए, अक्टूबर और नवम्बर एक एकल इकाई बनाते हैं। दिसम्बर आनन्द मनाने के लिए है। वृषभ, सिंह, वृश्चिक और कुम्भ राशि में इस साल सभी रिश्तों में "उतार-चढ़ाव, कभी

ख़ुशी कभी गम" होंगे। कारण यह है कि अरुण (विद्रोह और अप्रत्याशित घटनाओं का ग्रह), नेप्च्यून (भ्रम और सन्देह को दर्शाता है), शनि (शोक का प्रतीक), और कर्म खराब स्थिति में हैं, विशेष रूप से इन चार राशियों के लिए। फिर भी, गणेश/अल्लाह/मसीह/बुद्ध की कृपा उद्धारकर्ता होगी। फरवरी, मई, अगस्त और नवम्बर ऐसे महीने हैं जिनके अच्छे और बुरे होने की सम्भावना है। अपनी बन्दूक लोड करें और तैयार रहें।

कन्या राशि

जनवरी : 1-2, 5-7, 10-12, 15-16, 19-20, 23-24, 28-29

फरवरी : 2-3, 7-8, 11-12, 16-17, 20-21, 24-26, 29

मार्च : 1-2, 5-6, 10-11, 14-15, 18-19, 22-24, 27-29

अप्रैल : 1-3, 6-7, 10-11, 14-16, 19-20, 24-25, 29-30

मई : 3-4, 7-8, 12-13, 16-18, 21-23, 26-27, 31

जून : 1, 4-5, 8-9, 12-14, 17-19, 22-23, 27-28

जुलाई : 1-2, 6-7, 10-12, 15-16, 20-21, 24-26, 29-30

अगस्त : 2-3, 6-7, 11-13, 16-18, 21-22, 25-26, 29-31

सितम्बर : 2-4, 7-9, 12-14, 17-18, 21-22, 25-26, 30

अक्टूबर : 1, 4-6 और, 9-11, 14-15, 18-20, 23-26 (बहुत महत्वपूर्ण), 30-31

नवम्बर : 1-2, 6-7, 10-12, 15-16, 19-20, 23-25, 28-30

दिसम्बर : 3-5, 8-9, 12-13, 16-17, 20-24, 26-27 30-31

विशेष नोट : प्रिय कन्या राशि वालों जनवरी में इतनी सारी महत्वपूर्ण तिथियों का कारण यह है कि आप स्टाइल के साथ साल की शुरुआत करेंगे। आपको प्यार, जीवन और हँसी को प्राथमिकता में रखने का फायदा होगा। देखें कि आपके स्पर्श सूत्र उन सभी को पकड़ते हैं जिन पर आप भरोसा कर सकते हैं। बच्चे आपको बहुत सन्तुष्टि देंगे। इस मार्च में, आप यात्रा करेंगे और लोगों के जीवन को महसूस करेंगे। महत्वपूर्ण बात, आप अपनी सतर्कता और संकोच को छोड़ देंगे । मई में, देरी और हिचकिचाहट के बावजूद, आपका दिल सहानुभूतिपूर्ण होगा और दूसरों के साथ जुड़ेगा। यह आपके भविष्य की योजना बनाने का समय है। जिन लोगों को आप अपने कामकाजी जीवन में मिलते हैं, वे आपको सबसे ज्यादा जून में प्रभावित करेंगे। जुलाई, घर और बाहरी विस्तृत दुनिया की गोपनीयता और सामूहिक गतिविधि के मिलने का केन्द्र है। कन्या राशि वालों के लिए, सितम्बर बहुत अच्छा महीने होगा। आप 23 अक्टूबर को सबसे अच्छी स्थिति में पहुँच जायेंगे। दिसम्बर के आखिरी दिनों में आप फिट, आकर्षक, रोमांटिक और, अधिक महत्वपूर्ण बात, अवसर का लाभ उठाने के इच्छुक हैं।

तुला राशि

जनवरी : 8-10, 13-15, 18-19, 22-23, 26-27, 31

फरवरी : 1, 4-6, 10-11, 14-15, 22-23, 27-28

मार्च : 3-4, 7-9, 12-13, 16-17, 20-21, 30-31

अप्रैल : 3-5, 8-9, 12-13, 17-18, 20-22, 26-28

मई : 5-6, 9-11, 14-15, 19-20, 24-25, 28-30

जून : 2-3, 6-7, 10-11, 15-16, 20-21, 25-26, 29-30

जुलाई : 3-4, 6-7, 10-11, 15-16, 20-21, 25-26, 29-30

अगस्त : 1, 4-5, 8-10, 13-15, 18-20, 23-24, 270-28, 31

सितम्बर : 1, 4-6, 11-13, 15-17, 20-21, 24-25, 27-29

अक्टूबर : 6-8, 12-13, 16-17, 21-22, 24-26, 28-30

नवम्बर : 2-4, 7-9 8, 13-14, 17-18, 21-23, 27-29

दिसम्बर : 1-2, 6-7, 10-11, 14-15, 18-20, 23-24, 28-29

विशेष नोट : जनवरी में, आप घर और बाहर के लोगों के साथ बातचीत करेंगे। 21 जनवरी से 23 फरवरी और 21 मार्च से 21 अप्रैल बहुत खास हैं। 21 मई से 20 जून तक सम्पर्क और यात्रा की उम्मीद है। 21 जुलाई से 21 अगस्त, दोस्ती और सामाजिकता की अपेक्षा करें। 21 सितम्बर से 21 अक्टूबर वास्तव में व्यस्त होंगे और रिश्तों पर ध्यान देने का समय होगा। 21 नवम्बर से 21 दिसम्बर, व्यापारिक दौरों और सम्बन्ध का समय है।

वृश्चिक राशि

जनवरी : 5-7, 10-12 15-16, 23-24, 23-24, 28-29

फरवरी : 2-3,7-8, 11-12, 16-17, 20-21, 24-26, 29

मार्च : 1-2, 5-6, 10-11, 14-15, 18-19, 22-24, 27-30

अप्रैल : 1-3, 6-7, 10-11, 14-16, 19-20, 24-25, 29-30

मई : 3-4, 6-7, 12-13, 16-18, 21-23, 26-27, 31

जून : 1, 4-5, 8-9, 12-14, 17-19, 22-24, 27-28

जुलाई : 1-2, 5-6, 10-11, 15-16, 24-26, 29-30

अगस्त : 2-3, 6-7, 10-12, 15-16, 19-20, 23-25, 28-29

सितम्बर : 2-4, 7-9, 12-14, 17-18, 25-26, 30

अक्टूबर : 1, 4-6, 9-11, 14-15, 18-20, 23-24, 27-28

नवम्बर : 1-2, 6-7, 10-12, 15-16, 24-26, 29-30

दिसम्बर : 3-5, 7-9, 13-14, 16-17, 21-23, 25-27, 30-31

विशेष नोट : जनवरी में, आप बहुत तेज़ शुरुआत के लिए आरम्भ करेंगे और इसलिए लोगों के साथ बातचीत करेंगे; यात्राएँ महत्व बढ़ाती हैं। मई में, आपके रिश्ते मीठे-खट्टा, मसालेदार और कड़वा दोनों होंगे। आपको विधिवत चेतावनी दी गयी है। कई चीजें जुलाई में होती हैं : बहुत-सी गतिविधि, इस प्रकार बहुत सारे सितारे। लोगों को बहुत मुश्किल में मत डालो या अगस्त में यह लौट कर आपके ही पास आयेगा। एक इच्छा पूर्ति सम्भव है। दोस्ताना रहना बन्द करो और भृकुटी तान कर शैतानी वृश्चिक मुस्कुराहट दें।

धनु राशि

जनवरी : 3-4, 8-9, 13-14, 17-18, 21-22, 25-26, 30-31

फरवरी : 1, 4-5, 9-10, 13-14, 18-19, 22-23, 27-28

मार्च : 3-5, 7-9, 12-13, 16-17, 20-21, 25-26, 30-31

अप्रैल : 4-5, 8-9, 12-13, 17-18, 21-238, 26-27

मई : 1-3, 5-6, 9-11, 14-15, 19-20, 25-26, 28-30

जून : 2-3, 6-7, 10-11, 15-16, 20-21, 25-26, 28-30

जुलाई : 2-4, 7-9, 12-14, 18-20, 22-24, 27-28, 31

अगस्त : 1, 4-5, 8-9, 12-14, 18-20, 23-24, 27-28, 31

सितम्बर : 1-2, 5-6, 10-11, 15-16, 19-20, 23-24, 27-29

अक्टूबर : 2-3, 7-8, 12-13, 16-17, 21-22, 25-26, 29-31

नवम्बर : 3-5, 8-9, 13-14, 17-18, 21-22, 26-27

दिसम्बर : 1-2, 6-7, 10-11, 14-15, 18-20, 23-24, 28-29

विशेष नोट : आप धनु राशि वालों के लिए, जून और उसके बाद का समय रोमांस, सहयोग, सम्मेलनों और सम्पर्कों के लिए महत्वपूर्ण होगा।

मकर राशि

जनवरी : 1-2, 5-7, 10-11, 15-16, 19-20, 23-24, 28-29

फरवरी : 2-3, 7-8, 11-12, 16-17, 20-21, 24-25, 29

मार्च : 1, 5-6, 10-11, 14-15, 18-19, 22-24, 27-29

अप्रैल : 1-3, 6-7, 10-11, 14-16, 19-20, 24-25, 29-30

मई : 2-3, 7-8, 12-13, 16-18, 21-23, 26-27, 31

जून : 1, 4-5, 8-9, 12-14, 17-19, 22-24, 27-28

जुलाई : 1-2, 10-11, 15-16, 20-21, 24-26, 29-30

सितम्बर : 2-4, 7-9, 12-14, 17-18, 21-22, 25-26, 30

अक्टूबर : 1, 4-6, 9-11, 14-15, 18-20, 23-24, 27-28

नवम्बर : 1-2, 5-6, 10-11, 15-16, 19-20, 23-25, 28-30

दिसम्बर : 2-4, 7-9, 11-13, 17-19, 22-23, 24-27, 29-31

विशेष नोट : मई, जुलाई, सितम्बर और नवम्बर के दौरान आपके रिश्तों में एक बर्फ़ीला तूफ़ान और धमाका होगा। चिन्ता न करें आप दुश्मनों की तुलना में अधिक मित्र बना लेंगे। यह निचली रेखा है और कोई भी इसे मकर, वृषभ, और कन्या राशि वालों से बेहतर नहीं समझता है।

कुम्भ राशि

जनवरी : 3-4, 8-9, 13-14, 17-18, 21-11, 25-27, 30-31

फरवरी : 1, 4-6, 9-10, 13-15, 18-19, 22-23, 27-28

मार्च : 3-4, 7-9, 12-13, 16-17, 20-21, 25-26, 30-31

अप्रैल : 4-5, 8-9, 12-13, 16-17, 20-21, 25-26, 30-31

मई : 3-4, 9-11, 14-15, 19-20, 24-25, 28-30

जून : 2-3, 6-7, 10-11, 15-16, 20-21, 25-26, 29-30

जुलाई : 3-4, 7-9, 12-13, 17-18, 21-23, 26-28

अगस्त : 1, 4-5, 8-10, 13-15, 18-19, 23-24, 27-28, 31

सितम्बर : 1, 5-6, 10-11, 15-16, 19-20, 23-24, 27-29

अक्टूबर : 2-3, 7-8, 12-13, 16-17, 21-22, 25-26, 29-30

नवम्बर : 3-5, 8-9, 13-14, 17-18, 21-22, 26-27

दिसम्बर : 1-2, 5-6, 10-11, 14-15, 18-20, 23-24, 28-29

मीन राशि

जनवरी : 1-2, 4-7, 10-12, 15-16, 19-20, 23-24, 28-29

फरवरी : 2-3, 7-8, 11-12, 16-17, 20-21, 24-26, 29

मार्च : 1-2, 5-6, 10-11, 14-15, 18-19, 22-24, 27-29

अप्रैल : 4-5, 8-9, 14-16, 18-19, 22-24, 27-29

मई : 3-4, 7-8, 12-13, 16-18, 21-23, 26-27, 31

जून : 1, 4-5, 8-9, 12-14, 17-19, 22-24, 27-28

जुलाई : 1-2, 4-5, 10-11, 15-16, 20-21, 24-26, 29-30

अगस्त : 2-3, 6-7, 11-12, 13-17, 21-22, 25-26, 29-30

सितम्बर : 2-4, 7-9, 12-14, 17-18, 21-22, 25-26, 30

अक्टूबर : 1, 4-6, 9-11, 14-16, 19-20, 23-25, 28-30

नवम्बर : 1-2, 6-7, 10-12, 15-16, 19-20, 23-25, 28-30

दिसम्बर : 3-5, 8-9, 12-13, 16-17, 20-22, 24-27, 30-31

विशेष नोट : यात्रा और संचार के साथ-साथ छोटी दूरी के दौरान भी बाहर निकलने के लिए किसी सवारी की आवश्यकता होती है, आप न केवल लोगों से मिलेंगे बल्कि अपने जीवन के प्यार से भी मिलेंगे। जनवरी, मार्च, मई, सितम्बर, नवम्बर, बेहद रोमांचक होने चाहिए।

जीवन का रहस्य

गणेश जी (जिसे आप अल्लाह/मसीह/पारसी या किसी अन्य नाम के रूप में सन्दर्भित कर सकते हैं) जीवन की कार की इग्निशन की चाभी हैं (जिन्दगी के दिये का तेल)। किसी भी कार्य को गणेश जी के नाम पर शुरू और लॉन्च करना सफलता और प्रतिष्ठा को सुनिश्चित करता है। शक्ति, जिन्दगी के रास्ते को देखने के लिए चमकदार प्रकाश, भविष्यसूचक सपने, ये सब हमें गणेश द्वारा दिये गये हैं।

गणेश जी का कहना है कि जीवन का रहस्य बदलते समय के साथ बदलने की क्षमता में है। दूसरे शब्दों में इनमें दशाओं, परिस्थितियों, वातावरण, जलवायु परिवर्तन, सम्बन्धों, और विज्ञान और प्रौद्योगिकी के अनुकूल और समायोजित करने की क्षमता है। उनका दूसरा रहस्य है दिमाग को खुला रखना। दूसरों का अपनी राय के साथ हार्दिक स्वागत है। तीसरा और अन्तिम रहस्य अपने प्रति सच्चा होना है।

नम्बर 17 की सफलता का रहस्य

गणेश जी का कहना है कि जीवन और ज्योतिष का रहस्य 'ध्यान से देखने! ध्यान से देखने! ध्यान से देखने!' में है। जर्मनी की एंजेला मार्केल, हमारे अपने नरेन्द्र मोदी, पूर्व प्रथम महिला मिशेल ओबामा, और दुनिया के महान मुक्केबाज मुहम्मद अली, सभी अपने जन्म के महीने के सत्रहवें दिन पैदा हुए थे। यहाँ नम्बर 17 का टैरो कार्ड है, जिसे 'स्टार' कहा जाता है। हम एक महिला को पृथ्वी पर पानी डालते और पोषण प्रदान करते देख सकते हैं। मेरे लिए महिला महान स्त्री सिद्धान्त का प्रतीक है जो पूरे विश्व को नियन्त्रित करती है। कार्ड में सात सितारे हैं। जैसा कि हम सभी जानते हैं, सात आध्यात्मिकता, विकास और वृद्धि की रहस्यमय संख्या है।

नरेन्द्र मोदी, 17 सितम्बर

मिशेल ओबामा, 17 जनवरी

एंजेला मार्केल, 17 जुलाई

मुहम्मद अली, 17 जनवरी

निरीक्षण करने के लिए पूरी तरह से और ध्यान से देखना होता है। यदि आप उपरोक्त निरीक्षण करते हैं, तो आप पायेंगे कि इन चार व्यक्तियों का जन्म 17 तरीख को हुआ है। दूसरे, उनके नाम का पहला अक्षर 'एम' है। टैरो कार्ड एक महान और शक्तिशाली भाग्य की ओर इशारा करता है। इसलिए, इन सभी

कारणों से मुझे विश्वास है कि नम्बर 17 और अक्षर 'एम' महानता और महिमा के साथ जुड़े हैं। हाँ, मैं सहमत हूँ कि विभिन्न महीनों के सत्रहवें दिन में पैदा होने वाले सभी व्यक्तियों के लिए यह सही नहीं होगा। मैं खुले दिमाग का हूँ।

क्या यह संयोग है या भाग्य और नियति है? कि, मैंने आपको खुद फैसला करने के लिए छोड़ दिया है।

विश्व जन्मकुण्डली (होरोस्कोप) 2018

गणेश जी कहते हैं कि खाना बनाना एक कला है। यह चुनौती अवयवों की बदलती हुई प्रकृति, तापमान, स्वाद, सुगन्ध और खाना पकाने की शैली में निहित होता है।

इसकी सामग्री हैं : कृत्रिम बुद्धि; टूटे शरीर, मन, और आत्मा (सबसे महत्वपूर्ण) का उपचार; एक उच्च स्तर का प्रबन्धकीय कौशल; दवा में अनगिनत प्रगति और विशेष रूप से मस्तिष्क की शक्ति; अन्तरिक्ष यात्रा; रोबोट; जैवऔषधीय; जीवन की उत्पत्ति; भगवान बनाम प्रौद्योगिकी; जलवायु परिवर्तन; और अन्त में प्रौद्योगिकी और मानवता का मेल।

मुझे इसे बहुत सरल शब्दों में कहने दें। 2018 से 2020 तक के वर्षों में क्रान्ति और विकास दोनों ही होंगे। परिवर्तन प्रकृति का एकमात्र स्थिर नियम है। न केवल हम बचेंगे, बल्कि हम जीतेंगे भी। दिशा में लगातार परिवर्तन के लिए जिम्मेदार ग्रहों में बृहस्पति, शनि और प्लूटो हैं। बृहस्पति का अर्थ है समृद्धि, शनि का मतलब है अनिवार्य परिवर्तन और प्लूटो का मतलब है कठोर और अपरिहार्य परिस्थितियाँ और प्रभाव। ये तीन ग्रह कर्तव्य और ज़िम्मेदारी के प्रमुख, महत्वाकांक्षी, निर्मम राशियों

की तिकड़ी हैं : मकर राशि संक्षेप में, मकर राशि पिता है जो दूसरों के लिए एक बड़ी छड़ी का उपयोग करता है, लेकिन खुद के लिए उदासीन ढंग से ऐसा नहीं करता। यह मकर राशि की कॉमेडी और त्रासदी है।

जैसा कि मैंने पहले ही कहा था कि यह डोनाल्ड ट्रम्प के लिए सही समय नहीं है। उनका विश्व दृष्टिकोण ऐसा है जो कि कल्पना, भ्रम और कभी-कभी मिथ्याभास से भ्रष्ट होता है। मकर राशि के उत्तर कोरिया के राष्ट्रपति किम जोंग को भयानक समय का सामना करना होगा और भाग्य के द्वारा अन्त में पूरी तरह से हार जायेंगे। रूस के व्लादिमीर पुतिन और यूके की थेरेसा मे के लिए सत्ता में रहना मुश्किल हो जायेगा। जर्मनी की एंजेला मार्केल बस अद्भुत और प्रभावी हैं। 2018 में ही यहूदियों और मुसलमानों के बीच एक समझौता या तुलना या एक आपसी समझ की विशिष्ट सम्भावना है। भगवान उन दोनों को आशीर्वाद दे। पाकिस्तान, यूके के शासन में बदलाव होना कुछ निश्चित है। पॉल ब्रेंटन के शब्दों में, 'बुराई के पीछे शान्ति है, बुराई के पीछे अच्छाई है; पीड़ा के पीछे खुशी है।' सत्य, प्रेम, न्याय, दया, सद्भाव और खुशी पर किसी का भी एकाधिकार नहीं है।

भारत निश्चित रूप से कुछ हद तक सहानुभूतिपूर्ण है, लेकिन यह अधिक सहिष्णु और बहुत कम कठोर और रूढ़िवादी होना बुद्धिमानी पूर्ण, व्यावहारिक और आवश्यक होगा। पानी को दुबारा से साफ़ करना (री-साइक्लिंग) और सीवेज का उपचार 2018 और 2019 में हमारे देश के लिए बड़ा परिवर्तक होगा। इससे खुशी होगी। मैं यह सब नम्रता और भारत माता के लिए प्यार के चलते कहता हूँ क्योंकि मैं उसका बच्चा हूँ। मैं निश्चित रूप से भारत माता के पैरों पर अपना सिर झुकाता हूँ। भारत शनि ग्रह के अन्तर्गत आता है, जो कि कट्टरपन्थी, प्रभावी, निश्चित

परिवर्तन के कारण होते हैं। हमारे मोदी दुनिया के बरक्श खुद को पकड़ लेंगे। लेकिन भारत में कई बदलाव आयेंगे, उनमें से कुछ दर्दनाक हो सकते हैं लेकिन घटनाओं की बड़ी योजना में यह आवश्यक हैं। आने वाले वर्षों में धर्म नहीं बल्कि जिम्मेदारी, कर्तव्य और विकास भारत की तीन मुख्य विशेषतायें होंगी।

खुश होने के लिए हमें खुले दिमाग का होना चाहिए। शायद, मैं कहता हूँ कि शायद सबसे अच्छा साल 2018 और 2021 होगा। 2021 सबसे निश्चित रूप से ऐसा वर्ष है जब विज्ञान और प्रौद्योगिकी की सत्ता सर्वोच्च होगी और हम सभी की बनावट और दिशा में बदलाव करेंगे। शायद यह सबसे बड़ी भविष्यवाणी है जो आपके विनम्र गणेश भक्त ने कभी भी की है।

सलामी और श्रद्धांजलि

निम्नलिखित लोगों को सलामी और श्रद्धांजलि :

- गुजरात के मुख्यमंत्री विजय रूपानी, जिसकी हथेलियों पर मैंने भाग्य, सिर और दिल की रेखा का सही सन्तुलन देखा। एक महान दिल और एक तीक्ष्ण दिमाग।
- परोपकारी और प्रकृतिवादी फर्डोज़ खांबता, खतरनाक रूप से सुन्दर, तेज और प्रतिभाशाली आदमी।
- प्यारी मेहेर मेडोरा, उद्देश्य और समझ की दृढ़ता और सहज हृदया।
- अरविन्द मोथी और उनकी बहन अनु मोथी, मेरे जीवन पर एक डॉक्यूमेंट्री बनाने की पेशकश के लिए।
- होटल के मालिक राजकुमार जाटिया अपने आतिथ्य और शिष्टाचार के लिए।
- बेहराम मेहता नम्रता और मानवता के साथ जुड़े अपने व्यापार कौशल के लिए।
- भाजपा के शक्तिशाली अध्यक्ष अमित शाह के बेटे जय शाह को, मेरे घर आने के लिए और सभी

शक्तिशाली आत्माओं और हर धर्म की शक्तियों के आशीर्वाद की माँग करने के लिए।

- बहुत सुसंस्कृत, सभ्य और सुविख्यात गुजरात के शिक्षा मंत्री, श्री भूपेन्द्र चुड्सामा को अपने ज्ञान के साथ-साथ गणेश जी में अपने विश्वास के लिए।
- उषा नायर, डॉ. सनी शाह, नशित अफरोज और अन्तरराष्ट्रीय मानवाधिकार परिषद में उनकी टीम द्वारा सारी दुनिया में गैर-सरकारी संगठनों के लिए सेवाएँ प्रदान करने के लिए। मैं उनसे एक ट्रॉफी प्राप्त करने के लिए बहुत विनम्र था, जो मेरा हमेशा खजाना रहेगा।
- शिक्षा, गैर सरकारी संगठनों के माध्यम से हजारों लोगों की मदद करने के लगातार प्रयास और एक अनुकरणीय जीवन का उदाहरण बनने के लिए उदयपुर के राजे लक्षितराज को।
- मेरे अपने दत्तक पुत्र चिराग और उनकी मंगेतर निकिता को दुनिया की सारी ऊर्जा को बुलाकर अभिमंत्रित करने के लिए मेरा व्यक्तिगत आशीर्वाद। वे रत्न हैं।
- मैं ज्योतिष और आध्यात्मिकता के मार्ग पर मुझे प्रशिक्षित करने के लिए अपने गुरु वशिष्ठ मेहता के सम्मुख विनम्रतापूर्वक सर झुकाता हूँ।
- मेरे दिवंगत मित्र और संरक्षक रामकृष्ण बजाज के पुत्र नीरज बजाज, और दादी मिस्त्री के बेटे को जरूरतमन्द, कमजोर और असहाय लोगों की हर सम्भव तरीके से मदद करने के लिए यश। दोनों वास्तव में उदार लोग हैं।

- जम्बुघोड़ा के राजा विक्रम सिंह को उनके विनोद और सशक्त हँसी के लिए। कोई आश्चर्य नहीं कि उनका जम्बुघोडा रिसॉर्ट बेहद अच्छी तरह से चल रहा है।
- जब यह पुस्तक प्रेस पर जा रही है, तभी मैं शिरॉय और उनके मंगेतर अवस्ती से मिला। अवस्ती फैशन में माहिर है शिरॉय एक बहुत ही सज्जन हैं।
- आखिर में मैं उन सभी लोगों को सलामी और श्रद्धांजलि देता हूँ जो मानवता के लिए शान्ति और सद्‌भावना चाहते हैं और सेवा करते हैं। मेरे लिए यह निश्चित रूप से अन्तिम शब्द हैं।

लेखक परिचय

बेजन दारूवाला का जन्म 11 जुलाई 1931 को हुआ और वे छियासी वर्ष के हैं। वे अपनी पत्नी तथा तीन बच्चों के साथ रहते हैं। उन्हें पिछली सदी के सौ महानतम ज्योतिषियों में से एक माना जाता है, जो '*मिल्लेनियम बुक ऑफ प्रोफेसी*' (हार्परकॉलिंस) में घोषित किया गया है। उन्होंने 29 मार्च 2012 पर कनोरिया कला केन्द्र, अहमदाबाद, में नरेन्द्र मोदी की चुनावी जीत का सही अनुमान लगाया था। अगस्त 1999 में बेजन बी.बी.सी. कार्यक्रम 'हार्ड टॉक इण्डिया' में प्रस्तुत हुए थे। 10 दिसम्बर 2010 को बेजन फाइनेंसियल टाइम्स लन्दन के 'द जॉब : कॉरपोरेट एस्ट्रोलॉजर' में प्रस्तुत हुए थे। 19 अप्रैल 2017 पर बेजन को डॉ. बाबासाहेब अम्बेडकर नोबल पुरस्कार से सम्मानित किया गया। दिसम्बर 2013 में जब उन्होंने दलाई लामा के साथ हाथ मिलाया, वो उनके लिए एक यादगार और अद्वितीय पल था। बेजन सहिष्णुता में दृढ़ विश्वास रखते हैं। उनका मानना है कि हर किसी को अपने विचार और राय पर अधिकार है; दूसरों के दृष्टिकोण का हमेशा सम्मान करना चाहिए, चाहे वे आपसे अलग क्यों ना हो।

महत्वपूर्ण उद्घोषणा

हमारे गणेश जी के भक्त बेजन दारुवाला मुम्बई से अहमदाबाद स्थानान्तरित हो गये हैं। उनका अहमदाबाद का पता है :

बेजन दारुवाला

ज्योतिषी तथा स्तम्भ लेखक

द्वारा नस्तूर दारुवाला

ए-5, स्पेक्ट्रम टॉवर्स,

पुलिस स्टेडियम के सामने,

शाहीबाग

अहमदाबाद - 380004

भारत।

टेलीफ़ोन 079-32954387

09825470377

08141234275

ई-मेल : info@bejandaruwalla.com

bejandaruwalla@rediffmail.com

Website : www.bejandaruwalla.com